LIDERANÇA

Desenvolva suas habilidades gerenciais e se comunique de forma eficaz com sua equipe

(Adquira poderosos habilidades e habilidades de liderança rápidas)

Donald Ryan

Traduzido por Jason Thawne

Donald Ryan

Liderança: Desenvolva suas habilidades gerenciais e se comunique de forma eficaz com sua equipe (Adquira poderosos habilidades e habilidades de liderança rápidas)

ISBN 978-1-989891-62-9

Termos e Condições

De modo nenhum é permitido reproduzir, duplicar ou até mesmo transmitir qualquer parte deste documento em meios eletrônicos ou impressos. A gravação desta publicação é estritamente proibida e qualquer armazenamento deste documento não é permitido, a menos que haja permissão por escrito do editor. Todos os direitos são reservados.

As informações fornecidas neste documento são declaradas verdadeiras e consistentes, na medida em que qualquer responsabilidade, em termos de desatenção ou de outra forma, por qualquer uso ou abuso de quaisquer políticas, processos ou instruções contidas, é de responsabilidade exclusiva e pessoal do leitor destinatário. Sob nenhuma circunstância qualquer, responsabilidade legal ou culpa será imposta ao editor por qualquer reparação, dano ou perda monetária devida às informações aqui contidas, direta ou indiretamente. Os respectivos autores são proprietários de todos os direitos autorais não detidos pelo editor.

Aviso Legal:
Este livro é protegido por direitos autorais. Ele é designado exclusivamente para uso pessoal. Você não pode alterar, distribuir, vender, usar, citar ou parafrasear qualquer parte ou o conteúdo deste ebook sem o consentimento do autor ou proprietário dos direitos autorais. Ações legais poderão ser tomadas caso isso seja violado.

Termos de Responsabilidade:
Observe também que as informações contidas neste documento são apenas para fins educacionais e de entretenimento. Todo esforço foi feito para fornecer informações completas precisas, atualizadas e confiáveis. Nenhuma garantia de qualquer tipo é expressa ou mesmo implícita. Os leitores reconhecem que o autor não está envolvido na prestação de aconselhamento jurídico, financeiro, médico ou profissional.

Ao ler este documento, o leitor concorda que sob nenhuma circunstância somos responsáveis por quaisquer perdas, diretas ou indiretas, que venham a ocorrer como resultado do uso de informações contidas neste documento, incluindo, mas não limitado a, erros, omissões, ou imprecisões.

Índice

Parte 1 1

Introdução 2

Capítulo 1 – Aprenda a se comunicar devidamente.. 3

Capítulo 2 – Aprenda a motivar os outros 7

Capítulo 3 – Aprenda a quando e como delegar tarefas.. 12

Capítulo 4 – Aprenda a permanecer positivo 16

Capítulo 5 – Aprenda a ser confiável...... 19

Capítulo 6 – Aprenda a ser mais criativo 22

Capítulo 7 – Aprenda a dar feedback 25

Capítulo 8 – Aprenda a ser mais responsável.. 29

Capítulo 9 – Aprenda a se comprometer 31

Capítulo 10 – Aprenda a ser mais adaptável.. 32

Conclusão 36

Parte 2 37

Introdução 38
Capítulo 1: O que é liderança? 40
O que faz um líder? 41
Capítulo 2: Grandes Líderes ao redor do mundo 44
Capítulo 3: Como desenvolver sua personalidade? 51
Capítulo 4: Como ser um líder melhor? .. 59
Conclusão 68

Parte 1

Introdução

Este livro contém passos e estratégias comprovadas de como se tornar um líder melhor do que você já é agora e, ao mesmo tempo, tornar-se uma pessoa melhor.

Você irá aprender aqui quais são as dez principais habilidades que você deve aprimorar se quiser se tornar um grande líder, tanto no ambiente de trabalho quanto na vida pessoal. Não se subestime, você tem potencial para se tornar o tipo de líder com quem as pessoas se sentiriam honradas em trabalhar. Você pode ser o tipo de pessoa que inspira os outros a fazerem o melhor que podem e a se superarem.

Até o final deste livro, você irá aprender sobre as habilidades nas quais deve trabalhar (sim, você já tem as ferramentas necessárias para isso) e a como usá-las a seu favor.

Obrigado novamente por ter baixado este livro. Espero que goste!

Capítulo 1 – Aprenda a se comunicar devidamente

Você já teve que lidar com um gerente que sempre parece te dar problemas, mas você não faz nem ideia do que ele está falando? Um verdadeiro líder não é uma pessoa que sempre diz para seus subordinados pararem de estragar tudo e fazerem melhor, sem dizer o que ele realmente quer que aconteça. Se você quer ser um verdadeiro líder, entenda que os outros não conseguem ler a sua mente. Você precisa falar para eles quais são seus pensamentos e como eles devem lidar com certas tarefas; em outras palavras, é necessário se comunicar melhor.

Verdadeiros líderes têm um certo domínio sobre todas as formas de comunicação. Eles conhecem bem as tarefas individuais, os departamentos, sabem como convocar a equipe, e também a se comunicar por escrito (mensagens de texto, email e posts em redes sociais). A maioria das pessoas, porém, confundem ser um bom comunicador com ter um vocabulário vasto. Sim, você pode ser eloquente, mas isso não quer dizer que as outras pessoas irão entender o que você está falando.

Se compartilhar os seus pensamentos não é o seu forte, aqui estão algumas dicas de como melhorar suas habilidades de comunicação:

Seja um bom ouvinte – A comunicação é uma via de mão dupla. Não se trata de apenas uma oportunidade de falar, é necessário tambbém levar em consideração os pensamentos dos outros. Quando outra pessoa está falando, ouça-a intencionalmente e tente absorver o máximo de informação que puder. Um bônus de ser um bom ouvinte é que a maioria das pessoas provavelmente vai agir da mesma forma quando for a sua vez de falar.

Espere a sua vez de falar – Nunca interrompa alguém que está falando, pois vai parecer que você o está confrontando. Garantir que sua voz seja ouvida é esperar por uma brecha na conversa antes de começar a falar. Até mesmo quando for uma conversa em grupo, como em uma reunião, deve-se esperar uma pausa para intervir. E então, quando finalmente for sua vez de falar, pode ter certeza de que terá a atenção completa do grupo.

Responda brevemente, de forma concisa – Se você demorar muito até chegar ao ponto, vai parecer que ama ouvir o som da sua voz. Quando for responder a perguntas em grupo, dê respostas curtas e simples, mostrando, assim, que você valoriza o tempo dos outros. Respostas curtas e concisas vão direto ao ponto e são mais eficazes; longos discursos só vão entediar e frustrar seus ouvintes.

Não seja aquele que tem que comentar em tudo – Se você quer ser respeitado, não faça comentários simplesmente por fazer. É bem mais fácil não dar ouvidos a alguém que sempre tem algo a comentar; já quando uma pessoa que geralmente é mais quieta fala de repente, e tem algo relevante a dizer, ela vai capturar a atenção do grupo.

Valorize os outros, e então compartilhe seus pensamentos – Ouvir alguém falar não é o suficiente. Se você quer ser um bom líder, precisa mostrar à sua equipe que realmente entendeu o que eles disseram e que valoriza isso. Para que isso seja possível, é necessário reafirmar a ideia da pessoa, validando-a, e só então acrescentar sua própria perspectiva à discussão. As pessoas ficarão mais abertas à sua ideia ao saberem que você também valoriza os pensamentos delas.

Tornar-se um bom comunicador é o primeiro passo para se tornar um bom líder. Agora que já demos o pontapé inicial, vamos às outras habilidades que precisam ser desenvolvidas para que você se torne o tipo de líder que sempre quis ser.

Capítulo 2 – Aprenda a motivar os outros

Se a sua equipe só trabalha duro por medo da bronca que vão levar caso não o façam, então você não está sendo um bom líder. Um bom líder motiva os outros a trabalhar mais porque não querem desapontá-lo, assim como crianças que tentam agradar aos pais. Motive sua equipe a se tornar pessoas que te deixem orgulhoso, e que também possam se orgulhar de si mesmas.

Empregados motivados são mais produtivos, o que irá facilitar com que os objetivos sejam atingidos mais rapidamente e com resultados mais consistentes. Se você é um líder que consegue motivar as pessoas que trabalham para você, então a organização irá te valorizar mais, o que também vai te motivar a ser melhor; é um ciclo contínuo de positividade.

Para te ajudar a começar, aqui estão algumas dicas que irão te ajudar a se tornar um líder carismático e motivador:

Valorize o salário dos membros da sua equipe – Não é justo presumir que sua equipe vai continuar na sua empresa só porque eles gostam de você como pessoa; é necessário pagá-los justamente. As estatísticas mostram que as pessoas deixariam seus empregos atuais se oferecidas até mesmo um aumento de cinco por cento nos seus salários, então não arrisque perder membros importantes da equipe só porque não são bem pagos.

Ofereça oportunidades de crescimento – Ninguém quer ficar preso em um trabalho sem perspectiva de crescimento. Por isso é preciso dizer à sua equipe que há definitivamente uma possibilidade de subir na hierarquia da empresa com o tempo. Não prometa, entretanto, o que não vai poder cumprir. Você precisa cumprir sua palavra e realmente ajudar os membros da sua equipe a terem uma carreira de sucesso. Por exemplo, você pode promover treinamentos de habilidades adicionais que irão aumentar o valor deles como fumcionários; forme-os como pessoas que consigam se manter de pé mesmo quando mudarem de posição.

Encoraje sugestões dos funcionários, e, caso sejam boas, implante-as – Uma das maiores razões pelas quais os empregados não se sentem motivados no trabalho é porque sentem que são apenas uma parte insignificante da organização, e é seu trabalho como líder da equipe tirar essa ideia da cabeça deles. É preciso encorajá-los a participar das discussões, pedir que deem ideias que possam melhorar o desempenho da empresa. Se os membros da sua equipe te dão boas ideias, aplique-as realmente, e então recompense-os pelo trabalho que fizeram. Isso irá motivá-los a trabalhar mais ainda e a pensar em mais maneiras de ajudar no crescimento da empresa.

Não puna o fracasso – Palavras e atitudes negativas não geram nada de bom. Se sua equipe for punida e humilhada porque cometeram algum erro, tal atitude só estará criando animosidade entre vocês. Em vez de tratar erros bobos como fracasso, encare-os como oportunidades de aprendizado. Em vez de repreendê-los, mostre-os como lidar com o incidente e consertar o erro, ou pelo menos evitar que piore. Quando alguém da sua equipe cometer um erro, mostre-o como realizar a tarefa corretamente e então peça-o que tente novamente.

Defina objetivos claros – Uma das coisas mais frustrantes em ser um empregado é não saber o porquê de trabalhar tanto. Se você simplesmente der uma tarefa específica a alguém sem dizer para que ela servirá, esse membro da equipe vai sentir que não está desempenhando um papel importante na empresa. Ao designar tarefas à sua equipe, diga como a contribuição deles irá ajudar a atingir um objetivo maior. Esse ato simples dará uma noção de propósito à equipe, e também uma sensação de responsabilidade, o que os fará querer trabalhar melhor por saberem que seus papéis são importantes.

Motivar e inspirar os membros da equipe é uma das tarefas mais importantes de um bom líder. Seu papel como líder não é só fazer sua equipe trabalhar duro, você precisa fazer com que eles "queiram" trabalhar melhor; eles precisam ser motivados por você, não só porque querem ser pagos, mas porque querem que suas conquistas sejam reconhecidas também.

Capítulo 3 – Aprenda a quando e como delegar tarefas

Muitas pessoas erroneamente acreditam que grandes líderes realizam a maior parte das tarefas da equipe sozinhos, o que realmente não é o caso. Primeiro, assumir muitas tarefas só vai tornar o líder menos produtivo e pode até atrapalhá-lo no cumprimento delas. Outro problema é que faz parecer que o líder nem sequer confia na equipe fazendo seus respectivos trabalhos, causando uma grande bagunça de sentimentos negativos.

Um bom líder sabe como identificar os pontos fortes de cada membro da equipe, e atribui a eles as tarefas correspondentes às habilidades que mostram. Ao delegar tarefas à sua equipe, você estará livre para focar naquelas que realmente exigem mais da sua atenção.

Se você tem dificuldade em delegar tarefas, ou não tem a menor ideia de como fazê-lo, aqui vão algumas dicas:

Não espere perfeição – Além de ser impossível, visar resultados perfeitos vai também esgotar toda a motivação da sua equipe. Lembre que o sentido de distribuir as tarefas é chegar ao objetivo de forma eficaz; ninguém está tentando criar uma obra-prima. Estabeleça um padrão de qualidade razoável e um prazo decente para sua equipe terminar suas incumbências. Diga à sua equipe quais são suas expectativas, e deixe-os decidir como fariam o trabalho.

Providencie instruções amplas à sua equipe – Ao delegar tarefas, é preciso também ter certeza de que se está dando toda a informação necessária à equipe para que eles as realizem corretamente. Não dê instruções vagas e pense que eles sabem o que você quis dizer. Antes de deixá-los trabalhando, confirme que eles entenderam o que você espera que façam, e que compreendem e aceitam as suas condições.

Cheque o progresso de tempo em tempo – Não há nada errado em se "intrometer" e pedir uma atualização à equipe quanto às tarefas, mas você deve fazer isso com moderação. Não fique em cima deles o tempo todo. O motivo pelo qual você está delegando é para que possa focar em outras tarefas. Então não os incomode quando estão trabalhando.

Confie na sua equipe – Uma vez as tarefas foram delegadas, confie que sua equipe pode fazê-las do seu próprio modo. Dê liberdade para que eles possam lidar com as tarefas da maneira que pensam ser a melhor. É bom, entretanto, checar o trabalho deles de vez em quando para dar algumas dicas e ajudar quando estiverem com algum problema.

Aprenda a esquecer – Pare de pensar que você é a única pessoa que pode fazer o trabalho da maneira certa. Só porque os membros da sua equipe fazem as coisas de outro modo não quer dizer que não vão fazer certo. Se você já passou as suas expectativas e o padrão que a equipe deve seguir a fim de atingir os objetivos, então os métodos usados não deverão ser um problema. Você pode até se surpreender em como a sua equipe consegue realizar as tarefas de uma maneira muito mais eficiente.

Delegar não é um sinal de fraqueza, nem quer dizer que você está fugindo das tarefas que não gosta de fazer. Ao atribuir incumbências à sua equipe, você está mostrando que confia que eles farão um bom trabalho, e que os considera importantes para a empresa.

Capítulo 4 – Aprenda a permanecer positivo

Você já teve um líder que sempre reclamava de tudo acontecer contra ele? Já conheceu alguém que coloca a culpa de tudo nos outros e nunca parece assumir os próprios erros? Esse tipo de pessoa não serve para liderar. Na verdade, não deveria fazer parte de nenhuma equipe, porque desse jeito só irá arrastar todos os outros para baixo com ela. Para se tornar um bom líder, alguém que as pessoas gostariam de seguir até os confins da terra, você precisa ter uma atitude positiva, até mesmo quando as coisas parecem estar dando errado.

Ser uma pessoa positiva pode ajudar muito no ambiente de trabalho. Aprenda a rir de si mesmo quando seus planos não acontecem do jeito que você queria. Ter um líder positivo torna o ambiente de trabalho um lugar alegre e saudável, até mesmo quando a empresa está passando por problemas financeiros. Se você é um líder, pode fazer com que a positividade seja promovida no trabalho. Pequenas ações como:

Perguntar sobre os planos para as férias dos membros da sua equipe, talvez até sugerir algumas atividades que ache que seriam interessante para eles.

Praticar a atitude da gratidão. Sempre mostrar a alguém que completar uma tarefa a sua aprovação, do jeitinho que você puder.

Cumprimentar a todos com um sorriso no rosto e/ou um aperto de mão caloroso ou um tapinha no ombro. Gestos simples como esses, especialmente se vierem de alguém que eles respeitam, serão suficientes para dar uma alegrada em qualquer funcionário.

Aprenda a apreciar até mesmo os pequenos ganhos. Parabenize sua equipe até pelo menor sucesso que eles conquistarem até aqui. Por exemplo, se conseguiram aumentar as vendas em 1% ou 2%, trate disso como se fosse algo grandioso e que não seria possível de se alcançar sem a ajuda deles.

Não seja o problema. O objetivo é remover completamente toda negatividade do ambiente de trabalho. Não seja você aquele que começa a ser negativo. Pare de reclamar das coisas ruins que aconteceram, que estavam fora do seu controle. E tente se previnir de qualquer drama que possa ocorrer no trabalho. Sempre.

Se achar que o ambiente está ficando tóxico, e que isso está começando a afetar o desempenho da equipe, então é hora de você ser a fonte da positividade. Se sua equipe percebe que você não se deixa afetar pela negatividade que está te cercando, isso irá acalmá-los e permitir que possam trabalhar sem nenhum tipo de estresse.

Capítulo 5 – Aprenda a ser confiável

Sua equipe precisa se sentir confortável em falar com você quando tiver perguntas ou preocupações. É preciso mostrar integridade para que você seja respeitado e sua liderança valorizada. Para que isso seja possível, você tem que ser honesto e encorajar sua equipe a fazer o mesmo.

Se você não sabe como inspirar confiança na sua equipe, aqui vão algumas dicas que podem te ajudar:

Mostre que é apaixonado pelo que faz – Se você demonstrar paixão pelo seu trabalho, sua equipe vai retribuir com paixão. Eles precisam ver que você realmente gosta de trabalhar na empresa e que se importa com o bem-estar dos outros funcionários. Uma das melhores formas de demonstrar sua paixão é usar as mercadorias que sua empresa distribui, e também ser ativo nas redes sociais.

Compartilhe o que sabe – Você confiaria em um líder que tem pouco ou nenhum conhecimento sobre a indústria? Se quiser tornar-se um líder de confiança, você precisa mostrar à sua equipe que você tem um conhecimento técnico maior que o deles, ou, pelo menos, saber do que está falando. Os empregados tendem a respeitar líderes que realmente trabalharam para ir subindo na hierarquia corporativa, em vez de alguém que foi nomeado à posição sem nenhuma experiência ou conhecimento prévio.

Seja fiel à sua palavra – Pode ser tentador prometer coisas grandiosas à sua equipe para levantar os ânimos, mas tenha certeza de que você vai poder cumprir as suas promessas quando chegar a hora. É praticamente impossível reconquistar a confiança da equipe depois de não cumprir até mesmo uma pequena promessa que seja.

Confie na sua equipe – Se quer que eles confiem em você, confie neles também. Você pode demonstrar sua confiança à equipe não pensando duas vezes quanto às decisões deles e estando aberto a sugestões. Lembre-se que seu maior objetivo em se tornar um bom líder é ajudar sua equipe a ser a melhor possível; se sua equipe é bem-sucedida, as conquistas dela irão refletir em você também.

Capítulo 6 – Aprenda a ser mais criativo

Haverá momentos em que você terá que pensar fora da caixa para ter soluções criativas. Nem tudo é preto e branco, sempre haverá tempos em que você irá encontrar problemas que não tinha visto antes, para os quais você não tem nenhuma solução preparada. Se você é o tipo de líder que não foge de resolver problemas de maneiras incomuns, então você não irá somente impressionar sua equipe, como também irá inspirar o pensamento criativo dela.

Caso você não seja a pessoa mais criativa da sua empresa, não precisa se preocupar muito, porque é possível treinar o pensamento fora da caixa. Aqui estão algumas coisas que você pode tentar para aumentar seu pensamento criativo:

Colabore com sua equipe – Sessões de brainstorming são ótimas, porque outras pessoas contribuem dando ideias novas e empolgantes. Não seja o tipo de líder que pensa que suas ideias são as melhores.

Seja mais receptivo aos pensamentos alheios, e pode ser que você aprenda algo novo.

Não obrigue que as ideias criativas apareçam – A criatividade vem naturalmente se a sua mente não está cheia de pensamentos estressantes. Relaxe e apenas deixe sua mente vaguear um pouco; em certo ponto, você terá uma ideia que pode funcionar.

Não tenha medo de recomeçar – Às vezes você não consegue evitar uma situação desagradável, e não quer nem pensar em recuar por ter medo de perder todo o progresso que fez até aqui. Entretanto, as coisas poderiam acontecer de um jeito diferente se você recomeçasse e mudasse o modo como fez algumas coisas.

Peça o discernimento de outra pessoa – Talvez a razão de você não conseguir pensar em uma solução válida para seu problema é porque você está muito próximo dele; assim, suas próprias tendências atrapalham a busca pela resposta correta. Quando isso acontecer, peça conselho a alguém que não esteja na sua equipe. Às vezes, só é preciso olhos novos olhando de uma outra perspectiva para achar as soluções certas.

Faça uma lista das piores ideias que já teve – Não estou dizendo para implementá-las. O desafio aqui é achar os pontos válidos nelas. Mesmo que sejam as piores de todas as suas ideias, elas tinham algum mérito que possa ser considerado em primeiro lugar. Durante esse exercício, pode ser que você encontre uma solução que não encontraria de outra forma.

Líderes criativos não são apenas divertidos, mas também inspiram as suas equipes a pensarem da mesma forma, o que leva a várias ideias incomuns e talvez sem fundo, mas que ainda assim são válidas. Livre-se do pensamento de que só há um jeito de fazer as coisas; sempre tem uma alternativa na qual você apenas não pensou ainda.

Capítulo 7 – Aprenda a dar feedback

Um bom líder deve sempre procurar oportunidades de dar feedback à sua equipe quanto ao seu desempenho, seja ele bom ou ruim. Uma coisa que você precisa saber é que existe uma linha tênue entre dar feedback e tentar resolver tudo por conta própria. Críticas construtivas sempre irão ajudar sua equipe a melhorar e ainda assim permitir que possam tomar suas próprias decisões, enquanto querer resolver tudo do seu jeito é tratá-los como ferramentas em vez de pessoas.

Aqui vão algumas dicas de como dar feedback que realmente os ajude a trabalhar melhor:

Dê assim que for preciso – Se você precisar dar feedback à sua equipe, não espere até a reunião semanal para informá-los sobre o desempenho deles. Assim, sua equipe saberá imediatamente o que precisam fazer para melhorar e não ficarão constantemente sentindo-se inseguros.

Seja específico – Um simples "bom trabalho" pode parecer suficiente, mas se complementar mencionando exatamente o que sua equipe fez bem, isso trará mais benefícios. Isso também vai ajudar quando for necessário dar algum feedback negativo, porque sua equipe vai saber que estão fazendo errado e corrigir isso o mais rápido possível.

Não seja implicante – Não dê feedback negativo só porque sua equipe não está fazendo as coisas como você faria. Aprenda a deixar de lado errinhos bobos e insignificantes.

Relaxe antes de dar feedback – Foi mencionado acima que é necessário dar o feedback assim que for preciso, mas você não deve fazer isso quando suas emoções estiverem à flor da pele. Se algo que sua equipe fez desencadeou alguma reação negativa em você, afaste-se e relaxe antes de dizer qualquer coisa.

Foque mais no positivo – Um feedback negativo contínuo afetará sua equipe de forma negativa. Se parece que você sempre acha erros em tudo o que eles fazem, eles vão achar que nada é suficiente para você e isso os deixará menos motivados para trabalhar, porque acreditam que o resultado vai ser sempre o mesmo. Em vez de ficar implicando, procure achar a menor das coisas positivas no desempenho da sua equipe e os parabenize por ela.

Ouça o lado da história deles – Após dar o feedback negativo, pergunte à sua equipe porque eles acham que aquilo aconteceu. Não culpe alguém imediatamente; ouça o lado da história daquela pessoa antes de chegar a qualquer conclusão.

Peça que sua equipe também te dê feedback – Isso lhes permitirá um relacionamento mais aberto. Sua equipe sentirá que você é como eles, e que não se vê em uma posição mais elevada.

Dar e receber feedback é essencial porque assim você garante dizer à sua equipe o que espera dela, ao passo que descobre as coisas que eles podem esperar de você.

Um bom líder é alguém que sabe como dar feedback e também como recebê-lo.

Capítulo 8 – Aprenda a ser mais responsável

Se você é um líder, você é responsável pelo sucesso ou pelo fracasso de sua equipe. É por isso que você precisa assumir a culpa quando as coisas não estiverem indo de acordo com o planejado. Você não vai ter moral com sua equipe se nunca assumir a culpa e sempre tentar se mostrar "perfeito". Em vez de colocar a culpa em outra pessoa, aceite-a sinceramente e comece a procurar soluções.

Outra maneira de mostrar à sua equipe que você é responsável é fazendo a sua parte nas tarefas da equipe. Não espere que sua equipe trabalhe duro nas tarefas se nem você trabalha nas suas.

É necessário também se esforçar para desenvolver suas próprias habilidades o máximo que puder. Você precisa estar sempre aprendendo sobre a indústria para que possa trabalhar melhor. Além disso, esforce-se também para desenvolver novas habilidades que ajudarão você e a sua equipe a atingirem seus objetivos.

Capítulo 9 – Aprenda a se comprometer

Um bom líder vai adiante com tudo aquilo que concordou em fazer. Se você pretende atingir um objetivo em especial em determinado prazo, então é necessário estar disposto a trabalhar fora do horário normal. Quando sua equipe vê que você está comprometido com o trabalho, os funcionários seguirão o seu exemplo. Além disso, quando prometer alguma recompensa quando sua equipe atingir uma meta, você deve sempre cumpri-la. Não espere que sua equipe seja comprometida se você não é.

Um dos maiores benefícios de mostrar comprometimento é a recíproca da sua equipe. Se eles podem confiar que você cumprirá tudo o que disse, sem questionamentos, eles mostrarão o mesmo comprometimento com você. E então você poderá confiar que eles não deixarão de cumprir o que te prometeram; é um ciclo sem fim.

Capítulo 10 – Aprenda a ser mais adaptável

Como disse o cientista e biólogo inglês Charles Darwin, "Não é o mais forte que sobrevive, nem o mais inteligente, mas o que melhor se adapta às mudanças". No mundo de hoje, não há nada constante em indústria alguma. Sempre haverá coisas inesperadas acontecendo de quando em quando. Você, como líder, precisa se adaptar para reagir à mudanças quandoelas aparecerem no seu caminho. Sua equipe ficará feliz em ver que você sabe o que fazer quando um problema surge, em vez de surtar e deixá-los lidar com ele sozinhos.

Embora ser adaptável quer dizer que você precisará aprender a se ajustar prontamente quando for preciso, não é algo impossível de aprender. Aqui estão algumas dicas de como treinar a si mesmo e à sua equipe para serem mais adaptáveis de modo profissional:

Deixe todos jogarem de acordo com as mesmas regras – Independentemente de sua equipe ser composta na maioria por homens, mulheres, casados ou solteiros, todo mundo, incluindo você, deve respeitar as mesmas regras e ter direito às mesmas liberdades também. Por exemplo, a maioria das empresas permite que os funcionários que têm filhos saiam antes do que os outros do trabalho, já que precisam pegar as crianças na escola, mas o que está errado nesse cenário é que espera-se que os empregados solteiros fiquem até que o relógio bata as cinco horas, ou até mais tarde, simplesmente porque "eles podem". Esse tipo de benefício não deveria ser dado a apenas uma parte da equipe. Sempre haverá vezes em que um funcionário solteiro precisará sair antes do normal, e você não deve impedi-lo de fazê-lo.

Incentive sua equipe a participar de atividades fora do trabalho – É importante encorajar sua equipe a manter um equilíbrio saudável de vida de trabalho. Na maior parte do tempo, as pessoas fazem outras atividades para recarregarem a energia para trabalhar, e você, como líder, deve incentivar esse tipo de atitude. Se você perceber que um dos seus funcionários não está se divertindo no trabalho, pergunte se há algo de errado e se tem alguma forma de ajudá-lo.

Dê à sua equipe um tempo para pensar – Independentemente de você precisar deles aqui ou ali, dê aos membros da sua equipe um pouco de tempo para que possam organizar os pensamentos antes deles falarem para você. Sabe como, de alguma forma, as melhores ideias sempre surgem quando você está no banho? É basicamente a mesma coisa: você está permitindo que sua equipe tenha ideias por conta própria, sem nenhuma pressão.

Adaptabilidade no ambiente de trabalho é um dos traços mais importantes de um líder. Se você é pego de surpresa por um problema e seu cérebro simplesmente se fecha, você não está somente passando uma má impressão, mas também colocando em risco aqueles que trabalham para você.

Conclusão

Obrigado novamente por ter baixado este livro!

Espero que tenha te ajudado a se tornar o tipo de líder que sempre quis ser. Saiba que levará um certo tempo até que todas as lições que você aprendeu aqui gerem resultado, mas continue praticando que você vai chegar lá.

O próximo passo é colocar imediatamente em prática tudo o que você aprendeu neste livro. Não hesite em começar a implementar os passos para se tornar um bom líder, porque não há momento melhor do que o agora.

Obrigado e boa sorte!

Parte 2

Introdução

Cada pessoa que vem ao mundo conta com um tempo escasso para deixar sua marca. Todos vieram evão sair deste mundo em algum momento.

A questão é: Quem será lembrado mesmo depois de terem partido? Quem são as pessoas sobre as quais falamos, embora tenham vivido anos antes do nosso tempo?

Essas pessoas são líderes. Eles vieram, viveram e deixaram sua marca e seguimos seus passos ou no mínimo pretendemos seguir.

Nós ouvimos falar ou estudamos sobre muitos desses líderes ao longo de nossas vidas, por conta de quem eles eram e o que faziam. Esses líderes tinham qualidades que os distinguiam das massas e assim eles foram "espelhos" e serão por muito tempo, mesmo depois de terem partido.

Este eBook é sobre liderança, líderes e pessoas que pretendem alcançar este título. Nós falaremos sobre o que é um verdadeiro líder e como você pode se tornar um também, se você se esforçar para isso. Reunimos uma lista de alguns líderes cujas vidas podem servir como inspiração e motivá-lo ainda mais a se tornar uma porcentagem das pessoas que eram.

Alguns podem pensar que essas pessoas eram líderes natos e porocasião do destino se tornaram assim, mas a verdade é que todos fazem seu próprio destino. Esses líderes trabalharam duro para se seremlembrados como hoje são. Então, se você se esforçar para que isso aconteça, não haverá razões para que você não se torne um líder assim como estes foram.

Depois de concluir este livro, você terá uma visão melhor do funcionamento das mentes dessas pessoas. Isso o ajudará a aprimorar suas próprias qualidades para se tornar um bom líder e fazer sua própria marca neste mundo.

Capítulo 1: O que é liderança?

Ao nos referirmos à algumas pessoas como líderes, nós apenas temos uma idéia do tipo de pessoa que elas são e o termo lhes pareceser muito apropriado. Essa vibração que elas emitem é a sua qualidade de liderança. Você pode não ter pensado tão profundamente sobre o que é a liderança realmente e o que faz com que esses líderes sejam quem eles são, mas este eBook foi criado para ajudar você a mudar esta percepção, após obter uma compreensão clara deste tema, você estará no caminho certo para se tornar um líder. Liderança não é apenas um fato, mas várias características e comportamentos unidos queos fazem serembons líderes. Há certas característicasque podem soar mais agressivas em expressá-las em certas pessoas do que outras, portanto, destacam-se em sua personalidade. Enquanto algumas pessoas são naturalmente assim, outras podem trabalhar para que isso aconteça.

O que faz um líder?

Primeiro, vamos entender o que realmente é um líder, pois quando pensamos neste título, existem certas características associadas a ele, então quando alguémpossui essas características, dizemos que ela tem qualidades de liderança.

Um líder habilidoso é aquele que realiza as seguintes atividades:

• Inspiraos demais com sua visão;

• Motiva as pessoas a trabalharem para atingirem seus objetivos;

• Ajudaa equipe a trabalhar de maneira eficaz e que dê resultados;

• Auxilia no relacionamento interpessoal para que as pessoas se ajustem entre elas, a fim de ver que o trabalho é feito da melhor maneira.

Os pontos acima indicados são apenas uma visão geral de como tendemos a classificar as pessoas em certas categorias.

Em qualquer aspecto da vida, precisamos realizar as tarefas buscando sempre o melhor resultado. À estes que estão em posição de liderançaé atribuida a missão de ajudar e orientar de maneira mais gratificante e eficaz possível.

Estes ainda, são indivíduoscom uma visão clara do que querem e se esforçam para alcançar usando os recursos que tem disponíveis e assim conseguem com que os demais façam o mesmo, pois estes saberão como agir e terão orientação de um mentor.

Um líder pode ser aquele que se posiciona a frente em qualquersituação, pode ser em uma organização, empresa, clube ou qualquer outro grupo de pessoas. O ponto é que uma pessoa recebe o cargo de liderança para que as coisas sejam controladas e supervisionadas melhor.

As habilidades ou o estilo de liderança podem variar de pessoa para pessoa e não podem ser generalizados, por isso, acreditamos que qualquer um pode ser um líder caso se esforce para isso, sendo somente questão deaperfeiçoamento damaneira que você irá liderar.

A razão pela qual alguns líderes são tão distintos e reconhecidos mais do que outros é porque sua liderança é mais eficaz. Alguns acreditam que os líderes nascem enquanto outros acreditam que eles moldados. Nós acreditamos que pode ser ambos.

Há tantos adjetivos diferentes associados a líderes, como motivadores, inspiradores, apaixonados, carismáticos, etc. Há diversos aspectos que todos podem ter se fizerem um esforço consciente para isso.

Mas o único aspecto nato que um líder deve ter é a ambição. Se alguém está carente de ambição e falta de vontade embatalhar, ela nunca fará nada. A posição de líder estará fora de questão e você acabará sendo um seguidor,mas se você tem a ambição, a determinação e o direcionamento para qualquer coisa que você queira na vida, será natural que você leve outros a ajudá-lo a alcançar este objetivo.

Capítulo 2: Grandes Líderes ao redor do mundo

Todos reconhecem o valor de um grande líder. Eles são as pessoas que fizeram a diferença em nosso mundo e continuarão a fazê-lo mesmo depois de seu tempo.

Os grandes líderes que fizeram a diferença mais significativa em todo o mundo são respeitados e sempre serão lembrados. É por causa de suas habilidades e esforços que tantas grandes coisas poderiam ser alcançadas, mesmo quando muitos estavam convencidos de que não poderiam.

Descubra os grandes líderes que fizeram a diferença no mundo. A maioria será nomes que você já ouviu, porém quanto mais você se aprofunda em suas histórias, mais você será inspirado e motivado por elas. Isso ajudará você a desenvolver tais características em si mesmo como um bom líder as tem.

Abaixo estão alguns exemplos de grandes líderes que deixaram sua marca na história bem como mencionamos outros que estão liderando o mundo no presente para fazer uma mudança que os ajudará a deixar sua marca no futuro:

Abraham Lincoln: Este nome é provavelmente um dos mais famosos que é citado na história política americana e também muito bem conhecido em todo o mundo, homem de origem humilde e chegou ao topo como presidente dos EUA, suas qualidades de liderança fizeram dele um excelente advogado e o ajudaram a fazer mudanças significativas durante sua carreira política, como posicionamento contra a escravidão.

Aung San Suu Kyi: Esta mulher ganhou muita fama e elogios devido à sua luta pela liberdade e democracia na Birmânia. Forte em suas crenças e convicções, ela lutou por elas e inspirou outras pessoas a seguirem seu exemplo. Uma famosa prisioneira política, ela foi colocada em prisão domiciliar por anos devido a sua revolta contra a ditadura em Mianmar. Agraciada com o Prêmio Nobel da Paz em 1991, ela é uma grande líder que definitivamente merecia a honra e muitos outros títulos que foram apresentados a ela.

Benazir Bhutto: Ela é conhecida como "a dama de ferro do Paquistão" e tem sido uma das mulheres mais importantes no cenário político do país como a única mulher primeira-ministra. Líder carismática e corajosa, ela inspirou confiança em uma sociedade muito ortodoxa e conquistou respeito em todo o mundo.

Fidel Castro: Ele foi um grande líder que provavelmente desempenhou o papel mais significativo na revolução cubana e se tornou o presidente e o primeiro-ministro, sua visão deu coragem a toda a nação e ajudou a trazer a mudança que idealizou, além de ser amplamente reconhecido devido ao seu trabalho contra o racismo.

Franklin D Roosevelt: Presidente consideravelmente popular da América (EUA) que era um líder excepcional. Ele deu suporte ao país durante a Grande Depressão e liderou por quatro mandatos consecutivos,seu otimismo e liderança ajudaram o país a sair da pior crise e também fizeram um grande esforço para estabelecer a posição do país no cenário mundial.

Adolf Hitler: Sem dúvida, um dos piores seres, em termos de humanidade, mas também um dos maiores líderes que o mundo já viu. Sua poderosa oratória e confiança o ajudaram a obter controle total sobre toda uma nação por si mesmo,o que resultou em uma guerra terrível ainda que tivesse poucas habilidades de planejamento e estratégia.

Dalai Lama: O 14º Dalai Lama é o mais antigo líder vivo a ocupar o cargo de líder espiritual e político do Tibete. Ele passou anos tentando libertar o Tibete de seu domínio chinês e prega métodos pacíficos não violentos para o seu propósito. Ele também foi honrado com o Prêmio Nobel e tem a maioria da população tibetana, bem como o respeito ao redor do mundo.

Martin Luther King Jr: Este afro-americano deixou sua marca na história americana e mundial devido ao seu trabalho pelos direitos civis dos negros. Ele liderou muitos protestos para lutar contra a segregação racial e seu discurso "Eu tenho um sonho" é provavelmente uma das palavras mais famosas de todos os tempos. Concedido com o Prêmio Nobel da Paz, ele é um dos mais famosos ícones de direitos humanos do mundo.

Swami Vivekananda: Ele é um dos maiores líderes espirituais com um grande número de seguidores em todo o mundo. Seu trabalho para difundir o hinduísmo é uma das principais razões pelas quais desenvolveu seguidores em países fora da Índia. Seu intelecto e palavras poderosas fizeram suas convicções inspirar as massas que ele abordou durante sua vida.

Subhash Chandra Bose: Ele é um líder político proeminente e revolucionário da Índia que lutou por sua independência. Seu patriotismo e ideologia encontrou muitos seguidores que lutaram pelo país sob sua liderança. Ele é considerado um herói nacionalista e sua poderosa oratória moveu muitas pessoas de tal forma que suas palavras ainda são lembradas.

Napoleão Bonaparte: Ainda outro nome proeminente na história do mundo, ele foi um líder revolucionário que moldou o futuro da França. Ele é conhecido por ser um dos melhores comandantes militares que o mundo já viu e ajudou a liderar seu país para sair de uma crise usando suas reformas.

Nelson Mandela: Um dos mais famosos africanos de todos os tempos, seu nome será para sempre contado entre os grandes líderes. Ele foi o ex-presidente da África do Sul e foi homenageado com muitos títulos como por exemplo: o Prêmio Nobel da Paz, o Prêmio Lenin da Paz, o Prêmio Internacional Gandhi, etc. Sob sua liderança, os africanos lutaram contra o apartheid e finalmente puseram fim às suas lutas raciais.

Existem centenas de outras pessoas que têm um lugar distinto na história. Você vai até encontrar muitos líderes que estão fazendo uma marca no mundo agora de tal forma que eles serão lembrados por um longo tempo e por anos posteriores. Estar consciente de tais líderes ajudará você a se tornar um deles também.

Capítulo 3: Como desenvolver sua personalidade?

Nunca é tarde demais trabalhar em si mesmo e desenvolver sua personalidade de uma maneira melhor. Para se tornar um líder, é preciso primeiro trabalhar em auto-realização para que eles possam convencer da mesma maneira.

Desenvolver-se é um processo vitalício e precisa ser constantemente trabalhado. Quanto mais você continuar trabalhando, melhor irá visualizar o progresso.

É necessario entender que o seu desenvolvimento pessoal é de sua responsabilidade e essa é a melhor parte, pois você pode ficar tão bom quanto desejar e sem depender de outros para que isso aconteça.

O desenvolvimento pessoal o ajudará de muitas maneiras diferentes e afetará sua vida positivamente e não terá que depender dos outros ou deixar as coisas ao acaso para fazer a diferença em sua vida.

As etapas a seguir ajudarão você no desenvolvimento pessoal:

Seja confiante. É muito importante estar confiante sobre quem você é e o que quer da sua vida. Se você não está confiante, isso também não inspira confiança nos outros. Constantemente motivar e encorajar-se a ver as coisas positivas em você.

Não tente agir como outra pessoaou imitar. Seja você mesmo e expresse exatamente quem você é, sem ser influenciado pelos outros. Cada pessoa tem sua própria personalidade e você só precisa trabalhar para melhorar a si mesmo. Isso não significa que você tenha que começar a agir como alguém que não é.

Trabalhe na sua linguagem corporal. A maneira como você se comporta ou se expressa, deixa um impacto nas pessoas ao seu redor. Então, quanto melhor você conseguir, melhor será a impressão, como por exemplo, sentar em linha reta e fazer contato visual são mais importantes do que você imagina.

Dê tempo para si mesmo e pense em quem você realmente é. A auto-reflexão é muito importante e ajudará você a se conhecer melhor.

Seja humilde e evite a confiança excessiva a qualquer custo. Isso irá ajudá-lo de muitas maneiras e sempre deixa uma boa impressão nos outros, caso contrário eles terão uma impressão negativa sobre você e farão um esforço consciente para evitá-lo.

Passe mais tempo melhorando seus pontos fortes do que superando suas fraquezas. Isso irá ajudá-lo a ficar à frente enquanto você tem tempo para superar as falhas em sua personalidade lenta mas firmemente.

Constantemente se esforce para adquirir mais conhecimento, seja elas habilidades práticas ou através da leitura, ou seja, quanto mais você sabe, mais à frente você estará. Isso irá ajudá-lo no relacionamento interpessoal, para que você nunca se perca quando algum novo tópico surgir na conversa.

Esteja sempre aberto para conhecer novas pessoas e expandir seus contatos. Isso é sempre útil e terá um impacto positivo em você, tanto pessoal como profissionalmente.

Observe a sua volta quem são as pessoas bem sucedidas e use-as como exemplos e aprenda algo positivo delas. Elas vão inspirar e motivar você a fazer a diferença em sua vida também.

Tente melhorar seu julgamento das pessoas. Não seja muito cauteloso com as pessoas e também não confie rápido demais. Dê a elas, a chance de se provar antes de julgá-las. Julgamentos rápidos são freqüentemente errados.

Seja positivo e otimista. Isso o ajudará a enfrentar qualquer situação na vida, por mais difícil que pareça no momento. Se você tiver em mente que isso vai passar e as coisas vão melhorar, fica muito mais fácil lidar com este momentos. Seja positivo sobre as outras pessoas também e isso vai refletir de volta para você.

Tenha uma personalidade útil. Não pense apenas em você e no que quer. Quando você pensa nas necessidades dos outros, eles farão o mesmo por você em algum momento. E não se trata apenas de receber algo em troca, mas apenas o bem de fazer algo que vale a pena aos demais.

Saia da sua zona de conforto e não tenha medo de correr riscos. Embora isso possa levar tempo, é algo que você realmente precisa trabalhar. Grandes líderes não são aqueles que têm medo de fazer o que precisa ser feito. São pessoas dispostas a fazer o que for preciso para alcançar seus objetivos.

Não seja agressivo. Seja compassivo e calmo ao lidar com o próximo. Isso só pode ser feito quando você aprende a ser menos ansioso e agressivo e está disposto a entender as perspectivas dos outros.

Enquanto você desenvolve sua própria personalidade, também é importante pensar especificamente sobre características que o ajudarão a ter um melhor relacionamento. Este e-book é sobre liderança e você não pode liderar outras pessoas quando não se tem umbom convívio. É aqui que as habilidades interpessoais entram em foco. Estas são algumas dicas que o ajudarão a entender como se conectar com outras pessoas e ter uma comunicação positiva. Melhorar estas habilidades desempenha um papel importante no desenvolvimento da personalidade.

Os pontos a seguir são os que devem ser focados para melhorar as habilidades interpessoais que são essenciais em um líder:

Primeiro identifique as caracteristicasmais escassas em você e como isso afetou a sua vida. Isso irá ajudá-lo a perceber, o que você precisa para superar essas deficiências.

Antes de reagir a algo, tente se colocar na posição deles. Quando você observao cenário da perspectiva da outra pessoa, você terá uma melhor compreensão da situação. Isso o ajudará a reagir de maneira melhor, em vez de apenas pensar em sua própria perspectiva, ignorando a outra pessoa.

Seja justo e generoso com os demais. Se você só pensa em si mesmo e em suas necessidades, isso terá um impacto negativo em seus relacionamentos. Muitas vezes, é por isso que as pessoas tendem a falhar em algumas relações, independentemente da natureza delas. Se alguém sempre te presenteia com algo, certifique-se de que você nem sempre está do lado do recebedor, tenha reciprocidade em suas relações.

Não seja introvertido ou exclua você mesmo ou outras pessoas. É preciso manter contato com as pessoas para estabelecer um vínculo com elas.

Melhore sua posição de ouvinte, não seja sempre a pessoa que fala. Se você não permitir que a outra pessoa se expresse, isso pode levar a mal-entendidos e sentimentos ruins.

Não leve tudo muito a sério. Tenha senso de humor e leve a vida de maneira leve, para que os outros não se sintam muito pressionados. Isso traráuma maneira encantadora e agradável para trabalhar.

Seja claro ao se comunicar. Isso ajudará a ser melhor compreendido e transmitira suamensagem de forma eficaz sem que haja confusão.

Seja ético. Se você é digno de confiança e pratica a integridade, os outros retribuirão positivamente da mesma maneira. Por outro lado, se você é antiético, não haverá razão para que outras pessoas o tratem de maneira ética.

Comunique-se constantemente e mantenha contato com eles para manter um bom relacionamento e fluxo de trabalho.

Colabore com o trabalho em equipe. Não se trata apenas de comandar e criticar, os auxilie e se comprometa quando for necessário. Elogie os membros da equipe o suficiente para que eles estejam motivados a trabalhar com você.

Manter tudo isso em mente definitivamente o ajudará a se desenvolver em alguém digno de ser seguido.

Capítulo 4: Como ser um líder melhor?

Depois de trabalhar para se tornar melhor em todos os aspectos da vida, você definitivamente se tornará um líder que os outros possam admirar.

Os líderes costumam ascender sobre a pessoa que está tentando liderá-los quando percebem que estes não acreditam em suas próprias convicções. Eles, então, fazem um esforço maior para descobrir o que desejam para a própria vida e dedicam-se para liderar com intuito de atingir seu objetivo. Este fato, frequentemente tem motivado os grandes líderes que conhecemos a fazer a diferença no mundo.

Um bom líder tem uma visão diferente dos demais, estão sempre confiantes e claros do que almejam e vêem em um ambito maior. Isso os ajuda a se concentrar no objetivo que eles pretendem alcançar e persuadir os que estão a sua volta para se alinharem a esse objetivo.

Liderança é uma atribuição importante que torna uma grande responsabilidade para aquele que assume este papel. È necessario ter a percepçãode que mesmo as menores ações fazem uma grande diferença e devem sempre ter isso em mente. Embora seja muito fácil criticar os que são subordinados a você, um líder precisa constantemente encorajar e inspirar aqueles que estão indo bem. Isso irá motivá-los a trabalhar com mais esforço para o sucesso desse objetivo comum. Não é tudo sobre coerção e isso apenas faria de você um ditador, mas não um grande líder.

A seguir estão algumas das qualidades associadas a um grande líder em que você deve se concentrar:

Um bom ouvinte
Focado
Carismático
Comprometido
Corajoso
Apaixonado
Responsável
Auto-disciplinado
Visionário
Útil

Generoso
Competente
Positivo

Estes são apenas alguns dos adjetivos positivos para ter êxito. Quando você trabalha no desenvolvimento da personalidade, deve ter estas qualidades em mente e aprimoraressas esferas. Isso fará com que sua liderança seja muito mais eficaz.

Em seguida mais algumas dicas comportamentais:

Não dependa de outros para o seu próprio sucesso e desenvolvimento. Assuma o controle de si mesmo e não seja passivo. As pessoas o seguirão automaticamente quando sentirem que você confia em seus objetivos.

Tome a iniciativa de realizar o que deseja e não espere para seguir os outros. Então você será um seguidor que ajuda alguém a realizar seus sonhos enquanto o seu está adormecido. Fique atento e se adapte às pessoaspara direcioná-las para o que você almeja.

Descubra quais são seus pontos fortes e concentre-se neles. Se você é bom em algo, pode trabalhar para aperfeiçoar esta competencia que consequentemente ajudará você a ser um melhormentor nessaárea.

Tenha uma visão Clara do que deseja e se concentre em fazer o que for preciso para que se torne realidade. E através da sua persuasão com as pessoas ao seu redor faça com que o seu objetivo seja o delas também. Seu compromisso com sua objetivo será enriquecedor.

Encontre pessoas em quem você possa confiar e se for o caso, para fazer parte do seu grupo. Eles farão muita diferença em tornar sua visão um sucesso.As pessoas erradas podem ser a razão pela qual você enfretará o fracasso.

Tente fazer as coisas de maneira diferente e melhor. Isso deixará um grande impacto e distingue você dos demais.

Trabalhe para melhorar suas habilidades e se desenvolver sempre que puder, para ficar no topo. Uma vez que você começar a declinar será o inicio para duvidarem de sua liderança.

À medida que mantem seu padrao de qualidade pessoal, seja também positivo e encorajador, pois seus subordinados quando são apreciados e incetivados, estarão mais motivados e inspirados a segui-lo. O que fatalmente fará com que fiquem mais atentos a alcançar o objetivo.

Se você acredita que há algo novo que poderáauxiliar de maneira positiva a alcançar o que deseja, vá em direção a ele. Não tenha medo de correr riscos e entrar em algo novo.

Não defina metas que não possam ser cumpridas e que seja penoso demais para executar. Seja rigoroso e firme, mas não duro. A crítica deve ser construtiva e não desmoralizadora. Isso só funcionará contra você e seus objetivos. Um líder precisa ter melhor controle sobre suas emoções e não deixar que atitudes passionais o torne excessivamente exigente.

Os líderes precisam ser otimistas e acreditam que podem superar qualquer obstáculo. Se você não está convencido do resultado final que você quer, definitivamente não irá definir o tom certo para o seu esforço. Se você tem certeza do que quer, então nada que esteja no seu caminho será um problema que não poderá ser superado. Seja resiliente e persevere com a finalidade de alcançar seus objetivos. Desistir em algum momento não é uma opção.

Expresse suas convicções aos que estão ao seu redor, para que eles saibam claramente o que o torna digno de ser um líder. Se você reconhece e anuncia seus próprios ganhos, não precisa esperar para ser reconhecido por outras pessoas. Isso não serve como ostentação, mas meramente leva em conta o que você realmente é capaz de fazer sem ser futilmente modesto.

Estude os membros de sua equipe adequadamente para conhecer seus pontos fortes e fracos. Cada um terá diferentes pontos fortes como característica. Uma vez que você descubra cada um deles poderá auxilia-losa ultilizaresses pontos em benefício do seu propósito. Não adianta criticar alguém por não ser bom em algo, quando se pode remanejar este e ter resultado melhor. Esse é o trabalho do líder quanto á supervisão.

Melhorar suas habilidades de comunicação é de extrema importância. Quanto melhor você for ao expressar o que deseja, acredita, visualiza, etc, melhor o compreenderão. Se você não conseguir se comunicar de maneira clara e convincente, sua visão permanecerá não expressa e, portanto, não será cumprida. Torne suas habilidades de comunicação impactantes para que elas transmitam exatamente o que você quer de uma maneira concisa e informativa.

Não presuma que ser o líder significa que você precisa fazer todo o trabalho sozinho ou colocar toda a carga de trabalho nos outros membros do grupo. Como líder, você precisa supervisionar para que o trabalho seja bem feito e também no prazo estipulado. A delegação de funções é importante para que você não se sinta sobrecarregado.

Assuma a responsabilidade por suas ações, mesmo que o resultado seja negativo, não o evite e assuma a responsabilidade da mesma forma que você faria se o resultado fosse positivo. Tenha a coragem de enfrentar o que vier pelo seu caminho.

Constantemente, verifique o desempenho. Isso deve começar com verificações automáticas para ter certeza de que você está analisando os fatos antes de criticar o trabalho alheio e a partir do desempenho dos membros de sua equipe e dar o feedback do que não foi feito da maneira correta.

Seja um exemplo. Quanto melhor você fizer o seu trabalho e se manter motivado, melhor será a visão que têm sobre você. Isso os ajudará a se tornar determinado e ser mais produtivo.

Depois de ter trabalhado no desenvolvimento pessoal e também como orientador, você definitivamente verá a mudança. Essa mudança será eficaz em sua vida, em sua capacidade de liderar e em como você será bem-sucedido na realização de suas metas.

Conclusão

Um grande líder está convencido de suas próprias visões e crenças e tem as qualidades para conduzir os que estão a sua volta a terem esses mesmos objetivos. Este eBook foi criado com a intenção de ajudá-lo a se tornar um líder.

Com todos os exemplos dos grandes líderes que fizeram a diferença para o nosso mundo, você pôde obter uma idéia clara das qualidades que estes possuiam.

Agora você tem uma compreensão melhor do que a liderança realmente é os atributos essenciais para fazer um líder se destacar dos demais. As pessoas de quem falamos irão certamente inspirá-lo, à medida que se empenhar para liderar e inspirar outros também.

Usando todas as informações e orientações para desenvolver sua personalidade, você pode se esforçar para se tornar um grande líder e assim logo verá uma diferença em si mesmo e na maneira como as pessoas respondem a você.

Trabalhe em si mesmo e use outros grandes líderes do mundo, para motivá-lo a seguir seus passos da mesma forma. Haverá muitos outros que estarão seguindo você. Torne-se o líder quealmeja ser. Talvez anos depois, você poderáigualmente ser usado como exemplo de grande líder.

Gostaríamos também de expressar nossa gratidão por baixar este e-book e espero que tenha sido útil e poderá compartilhá-lo com pessoas das quais acredita que será proveitoso como foi para você.

www.ingramcontent.com/pod-product-compliance
Lightning Source LLC
LaVergne TN
LVHW020433080526
838202LV00055B/5161